¡A crecer!

José Young

ALUMNO

Ediciones Crecimiento Cristiano

© Ediciones Crecimiento Cristiano
Primera edición: 2/83
Presente edición: 12/1999
ISBN 978-950-9596-70-2

Queda hecho el depósito que prevé la Ley 11.723

Diseño de Tapa: Ana Ruth Santacruz
Impreso en los talleres de

**Ediciones
Crecimiento
Cristiano**

"Más que enseñar, te ayudamos a aprender"

📍 **Córdoba 419 - Villa Nueva - Cba. - Argentina**

📞 **+54 9 353 491-2450**

🟢 **+54 9 353 481-0724**

✉ **oficina@edicionescc.com**

🌐 **www.edicionescc.com**

📘 **Ediciones Crecimiento Cristiano**

📷 **edicionescc**

IMPRESO EN ARGENTINA   **P8**

Índice

Nota: Este estudio no depende de ninguna versión de Biblia en particular. La Biblia que usted tiene le servirá para hacer las lecciones. No obstante, si puede conseguir otra versión (como por ejemplo: Versión Popular, o Biblia de Jerusalén) recomendamos que lea los pasajes en ambas, para que le sean más claros.

Introducción

El apóstol Pablo escribió:

Por eso, así como aceptaron ustedes al Señor Jesucristo, así deben vivir unidos a él, con profundas raíces en él, firmemente basados en él por la fe, como se les enseñó...

(Colosenses 2:6-7)

Usted ya ha recibido al Señor, ha nacido de nuevo y el Espíritu Santo comparte su vida.

Dios quiere ahora que tenga raíces bien profundas en su Palabra; que comience a edificar su nueva vida sobre el fundamento que es Jesucristo mismo; que aprenda a andar en su quehacer diario con su ayuda. En pocas palabras: que crezca.

Este cuaderno tiene como propósito ayudarle a dar los primeros pasos en su vida cristiana. Propone introducirlo a algunos de los aspectos vitales de esa nueva vida en Cristo, y estimularlo a aplicarlos a su manera de ser.

1
Nueva vida en Cristo

Aunque el paso inicial de seguir a Cristo es en sí muy sencillo, tiene muy fuertes implicaciones para la vida. Hay muchas maneras de describir ese primer paso, como por ejemplo: entregar su vida a Cristo; confiar su vida a Cristo; recibir a Cristo; etc. Sin embargo, todas son diferentes maneras de describir la misma respuesta positiva al mensaje del evangelio. Es decir "sí" a las ofertas y demandas de Dios.

Pero repetimos, si ese "sí" a Dios es verdadero, eso cambia toda nuestra vida. El apóstol Pablo escribió:

...El que está unido a Cristo es una nueva persona. Las cosas viejas pasaron; lo que ahora hay, es nuevo.

(2 Corintios 5:17)

¿En qué aspectos es nueva nuestra vida? Sugerimos cinco y vamos a buscar tres pasajes de la Biblia que nos explican el contraste entre la vida vieja y la nueva. En primer lugar tenemos:

A - Una nueva relación con Dios

Vemos esta nueva relación en Romanos 5:6-11. Es decir, en el libro de Romanos (ver el índice de su Biblia o Nuevo Testamento), el capítulo cinco, y los versículos seis a once. Siempre nos hemos de referir a los pasajes bíblicos usando esta clave.

Lea estos versículos, por lo menos dos veces, y si es posible, en más de una versión de la Biblia, para así ver claramente lo que enseñan.

1 Su primera tarea, entonces, es buscar en estos versículos (Romanos 5:6-11) para encontrar cómo era nuestra relación con Dios antes de conocer a Cristo. Anote en este espacio los diversos aspectos que el pasaje menciona.

2 De la misma manera, anote cómo es nuestra relación con Dios *ahora*, es decir, después de haber confiado nuestras vidas a Cristo.

Como hemos visto en estos pocos versículos, nuestra relación con Dios cambia completamente cuando somos de Cristo, pero también nuestras vidas cambian. Porque a raíz de nuestra entrega a Jesucristo, tenemos:

B - Una nueva vida

Esta nueva vida viene de Dios; es fruto de su obra en nosotros. Un pasaje que la describe es Efesios 2:1-10. Busque estos versículos, y repetimos, léalos más de una vez, y preferentemente en distintas versiones de la Biblia.

3 Estos versículos mencionan varias cosas que Dios hizo a nuestro favor. Exactamente, ¿cuáles son?

El pasaje explica lo que Dios hizo, y como resultado tenemos una nueva vida. Por medio de esa obra de Dios somos personas realmente diferentes.

4 Trate de explicar ahora, en sus propias palabras, las diferencias principales que existen entre la vida anterior, y esta nueva vida. Base su respuesta en los dos pasajes bíblicos que hemos visto hasta ahora.

Pero esta nueva relación con Dios, y la vida nueva que nos da, traen también nuevas responsabilidades. Nuestro tercer punto, entonces, es que tenemos:

C - Un nuevo compromiso

Vamos a escuchar esta vez las palabras del mismo Señor Jesucristo. Busque Lucas 6:46-49.

5 En base a estos versículos, ¿cómo describe usted nuestro nuevo compromiso?

Otra consecuencia de la relación con Dios que gozamos actualmente, es que somos parte de:

D - Una nueva familia

Efesios 2:19 dice que ahora somos miembros de la familia de Dios. El evangelio de Juan nos dice que toda la gente del mundo pertenece a la familia de Satanás; pero con la nueva vida, Dios también nos hace sus hijos, y miembros de una nueva familia. Puesto que este es el tema del estudio 6, no vamos a examinarlo ahora.

La quinta cosa nueva para nosotros es que compartimos:

E - Una nueva meta

Este tema también hemos de desarrollarlo en las lecciones siguientes. Pero busque Filipenses 3:13,14. Si vamos a crecer, necesitamos la misma actitud, es decir, la de luchar, de eliminar obstáculos, de seguir adelante para que lleguemos a ser la clase de personas que Dios quiere que seamos.

Podemos seguir hablando acerca de cosas nuevas; nuestra relación con Cristo nos abre un nuevo panorama que se extiende hacia la eternidad.

Ahora, una manera conveniente de ilustrar la vida cristiana es mediante una rueda, como la ilustración de esta página.

6 Note que el eje es Cristo, y la vida cristiana gira alrededor de él.

a) ¿Qué puede hacer una rueda sin su eje?

b) ¿Qué es lo que el eje provee a la rueda?

7 De todo lo que hemos visto hasta ahora, ¿qué es lo que más le impresiona en cuanto a esta nueva vida en Cristo?

Si usted tiene realmente una nueva vida en Cristo, entonces Dios lo llama a crecer. Las lecciones que siguen, tratan algunos de los temas claves y necesarios para el crecimiento en la vida cristiana.

2

Comunión con Dios

La comunión es una relación. Tenemos comunión con una persona cuando tenemos cosas en común con ella; cuando compartimos; cuando participamos juntos en algo. Y la base de la comunión es necesariamente la comunicación.

Nosotros ya tenemos una relación con Dios por medio de Jesucristo, pero para que tengamos una verdadera comunión, necesitamos pasar tiempo con él, conversar, escucharle.

1   En realidad, nuestra actitud hacia Dios, debería ser la misma que la del autor del Salmo 63.

a) Describa en sus propias palabras esa actitud.

b) ¿Cómo sentía el salmista las consecuencias de esa relación con Dios?

Necesitamos separar un tiempo todos los días para tener comunión con Dios. Si es posible, en un lugar donde no nos distraigamos, y también en un horario temprano en que no haya interrupciones. No debe ser necesariamente un tiempo largo ...aún 15 minutos es mejor que nada. Pero sí debe ser una práctica regular. Durante este tiempo debemos ocuparnos en dos cosas:

Una, es la lectura de la Biblia. En ella, Dios nos habla. Nos enseña acerca de sí mismo; nos revela su voluntad para nuestras vidas; nos abre los ojos a nuestro propio carácter; nos da pautas para enfrentar las necesidades de cada día.

2 Busque el Salmo 19:7-14. Según el salmista, ¿qué resultados tendrá en nuestras vidas la lectura de la Palabra?

Damos dos sugerencias prácticas:

A - **Lea sistemáticamente**, es decir, con un plan sencillo que lo lleva a través de toda la Biblia. Recomendamos que utilice el registro de lectura que está al final de este cuaderno. Sáquelo, para poder llevarlo en su Biblia y marcar los capítulos que ha leído.

B - Sugerimos que **comience con el Nuevo Testamento**. Su tema es Jesucristo, y lo que más necesitamos en los comienzos de la vida cristiana es conocerle a él.

3 Los siguientes versículos nos dan algunas razones. Explique en cada caso por qué es necesario que conozcamos primero a Jesucristo.

a) Juan 1:18 y 14:7

b) Juan 17:3

---

c) Colosenses 2:2-3

d) 2 Pedro 1:3

Recomendamos que inicie su lectura con uno de los evangelios, preferiblemente Lucas, y luego siga con Los Hechos de los Apóstoles y demás libros del Nuevo Testamento. Una vez que haya leído todo el Nuevo Testamento, puede seguir un sistema de lectura alternada, es decir, leyendo un libro del Antiguo Testamento, otro del Nuevo (o dos, si son libros cortos), luego del Antiguo y así sucesivamente.

En **segundo** lugar debemos ocupar nuestro tiempo con Dios en la oración. En un sentido más elemental, orar es simplemente hablar con Dios. Es abrirle nuestro corazón, expresándole gratitud, confiándole nuestros problemas, pidiéndole perdón por nuestras faltas y rogando que obre en la gente que nos rodea. Ya que él sabe todo lo que pensamos, podemos bajar las defensas y ser completamente honestos y abiertos con él.

El Señor mismo nos dejó un modelo de oración, en el que se destacan varios aspectos que siempre debemos tener en cuenta.

Busque Mateo 6:5-15. Este pasaje nos enseña muchas lecciones importantes acerca de la oración.

4 En pocas palabras, ¿cómo debemos aplicar los vv. 5-8?

En los versículos 9 al 13 el Señor nos da un ejemplo de cómo podemos orar. Es muy conocido, y muchos lo saben de memoria.

5 Note que los primeros dos versículos (9 y 10) no tienen que ver con nosotros y nuestras necesidades, sino con Dios. ¿Qué es lo que Jesús realmente pide en estos versículos?

6 En los versículos 11 a 13 encontramos tres peticiones para nosotros mismos. Escriba estas tres peticiones en sus propias palabras, es decir, sin repetir las palabras de la Biblia.

a)

b)

c)

Es importante que aprendamos a buscar y aceptar la voluntad de Dios, porque a menudo lo que pedimos no está de acuerdo con su voluntad. Felizmente, muchas veces su respuesta no se ajustará a lo que le pedimos, sino a lo que será mejor para nosotros.

Es importante también notar que hay cosas que impiden que Dios nos conteste. Mateo 6:14 y 15 que ya leímos, menciona una.

7 Según los siguientes pasajes, ¿qué otras cosas pueden impedir la respuesta de Dios?

a) Proverbios 28:9

b) Santiago 4:3

c) Santiago 1:6-8

d) Salmo 66:18

Escuchamos a Dios por medio de su Palabra; respondemos por la oración. Sugerimos, si es que no lo ha hecho hasta ahora, que escoja ya delante de Dios, un tiempo y un horario para su encuentro diario con él.

8 Con la ayuda de Dios, voy a dedicarle _____ minutos por día. Voy a hacerlo todos los días a las _____ horas. Iniciaré mi lectura de su Palabra con el libro de:

Este es uno de los pasos esenciales en el camino del crecimiento. Que el Señor le ayude a darlo con firmeza.

3
Ser discípulo de Cristo

Aunque nosotros siempre llamamos "cristianos" a los seguidores de Jesucristo, al principio no era así. Primero se los llamaba simplemente "discípulos", y luego se les dio el apodo de "cristianos" (Ver Hechos 11:26).

El cristiano, el hijo de Dios, es primeramente un discípulo. Pero ¿qué es un discípulo?

1 Busque la palabra en un diccionario, y escriba aquí su propia definición.

Un discípulo tiene un maestro y, por supuesto, el maestro es Jesucristo. Es un maestro muy sabio, muy bondadoso, pero también muy exigente. El mismo dijo que hay un sólo camino que podemos seguir para llegar a ser lo que Dios quiere de nosotros, pero ese camino es estrecho y difícil de transitar (Mateo 7:13,14).

2 La primera condición, entonces, para ser un discípulo se encuentra en Mateo 10:37-39. ¿Cómo describiría esa condición?

Vamos a ver ahora tres pasajes donde el Señor Jesucristo expresa lo que espera de sus discípulos. Son, en cierto sentido, "pruebas" del discipulado; o tal vez mejor, "evidencias".

3 Busque primero Juan 8: 31 y 32. En base a estos versículos:

a) ¿Cuál es la condición que necesitamos cumplir para ser verdaderos discípulos de Jesucristo?

b) Cuáles serán los resultados del discipulado en nuestras vidas?

El segundo pasaje es Juan 13:34,35. Aquí dice sencillamente que si nosotros, los discípulos, nos amamos unos a los otros, todo el mundo se dará cuenta de que somos sus discípulos.

4 ¿Qué significa eso? ¿Cómo lo ponemos en práctica?

Jesús dijo que debemos amar a los otros discípulos de la misma manera que él nos amó y nos ama a nosotros.

5 Note que también dijo que ese era un nuevo mandamiento. ¿Es nuevo para usted? ¿Es algo que ha aplicado, o tiene que aprenderlo?

El último pasaje es Juan 15:8. Conviene leer todo el párrafo, desde el versículo 1.

6 Pensando en esta figura del árbol frutal, y tomando en cuenta lo que Jesús dice en todo el párrafo, ¿cuál será el fruto en la vida del discípulo de Jesucristo?

Hasta aquí tenemos tres de las condiciones mínimas que debemos reunir como discípulos de Jesucristo: mantenernos en su Palabra, amar a los demás discípulos y llevar una vida fructífera. Hay varias otras, pero estas son las básicas para comenzar.

Terminamos con Mateo 28:18 a 20, donde Jesús da algunas de sus últimas instrucciones a sus discípulos. Ellos, a su vez, debían hacer *otros* discípulos; esta es, realmente, la tarea principal de todo seguidor de Cristo.

7 ¿Qué debe hacer usted para estar en condiciones de ser un "hacedor de discípulos"?

La esencia del discipulado es una relación con Jesucristo, es someternos a su señorío. Pero si él es realmente el Señor de nuestras vidas, todos los aspectos deberán ser sometidos a su voluntad y... ¡cuidado!, nada puede quedar excluído.

4
El bautismo y la Cena del Señor

El título de esta sección resume dos mandatos del Señor que siempre han tenido un lugar central en la vida de la iglesia. El primero se encuentra en Mateo 28:19, donde el Señor dijo a sus discípulos que debían hacer otros discípulos y bautizarlos.

La palabra "bautizar" significa sencillamente "sumergir", y el bautismo en sí tiene relación directa con la iniciación de la vida cristiana.

Busque ahora Romanos 6:1-4; este es el pasaje que mejor explica el significado del bautismo.

1   En base a estos versículos, ¿qué relación tiene bautismo con:
   a) la muerte?

   b) el pecado?

2 Si este pasaje fuera la única información que tuviera en cuanto al bautismo, ¿qué concepto tendría usted en cuanto al propósito del bautismo?

Leamos ahora el pasaje que describe el nacimiento de la iglesia, y el primer bautismo de cristianos: Hechos 2:36-41.

3 En base a este incidente,
a) ¿quiénes deben bautizarse?

b) ¿cuándo deben hacerlo?

El segundo mandato que siempre ha tenido un lugar preponderante en la vida de la iglesia es lo que llamamos la "Cena del Señor". Este nombre proviene del relato de los evangelios que describe la última cena que el Señor tuvo con sus discípulos antes de su muerte. Veamos la breve descripción de esa cena que se encuentra en 1 Corintios 11:23-26.

En este pasaje hay dos palabras claves que debemos observar más detenidamente. La primera es "cuerpo".

4 Según los dos versículos siguientes, ¿por qué es importante el hecho de que Jesús haya tenido un cuerpo humano?

a) 1 Pedro 2:24

b) Colosenses 1:22

La segunda palabra clave es "pacto", o según algunas versiones de la Biblia, "alianza". Un pacto es un acuerdo, un contrato, y más de una vez en la historia Dios hizo pactos con los hombres. Jesús, con su muerte, hizo posible ese nuevo pacto.

5 En base a Hebreos 9:15, ¿qué propósito tiene este nuevo pacto de Dios? Ver también Romanos 8.3 y 2 Corintios 3.6.

Entonces, comemos pan en la Cena del Señor porque representa el cuerpo de Cristo que fue entregado a la muerte por nosotros; tomamos de la copa que representa el nuevo pacto entre Dios y nosotros en base a la sangre de su muerte.

6 Ahora, regresando a 1 Corintios 11:23-26, ¿por qué debemos participar nosotros de la Cena del Señor? (Hay más de una respuesta)

El bautismo es el paso inicial de nuestra nueva vida en Cristo, y con la Cena del Señor, recordamos a quien nos dio esa vida; ambas cosas son necesarias para el discípulo de Jesucristo.

Notas

1 - La palabra "pacto" y "alianza" significan esencialmente lo mismo.

5

ℒos peligros

La vida cristiana es la mejor de las vidas, pero no la más fácil. El discípulo sincero encuentra peligros y enemigos dispuestos a atacarlo. Algunos están dentro nuestro, otros vienen de afuera. Por supuesto existían antes de nuestra conversión, pero casi todos nos habíamos acomodado a ellos. Pero ahora que hemos "cambiado de bando", y somos ciudadanos del reino de Dios en un mundo en que la mayoría lo rechaza, la situación cambia.

El principal enemigo interno es simplemente el pecado que todavía tiene una gran influencia en nuestras vidas. Es una enfermedad que Dios está curando en nosotros, pero el tratamiento es largo.

¿Qué es el pecado? En su sentido más sencillo, es *no* cumplir con Marcos 12:30,31. Si estos dos versículos resumen lo que Dios quiere de nosotros, entonces no cumplirlos es la esencia del pecado.

1 En la práctica, muchos vivimos una situación como la que describe Pablo en Romanos 7:14 hasta 8:4.

a) Describa, en sus propias palabras, el problema que Pablo enfrentaba.

b) ¿Ha sentido usted, alguna vez, algo parecido? Si es así, describa su experiencia

2 Según Pablo, ¿cuál era la solución a su problema?

Leamos ahora un pasaje donde otro hombre relata una experiencia parecida a la de Pablo. Salmo 32:1-5.

3 Según el salmista:
 a) ¿Qué efecto tenía el pecado en su vida?

 b) ¿Qué hizo para solucionar el problema?

 c) ¿Cuál fue el resultado?

El versículo del Nuevo Testamento que convierte la experiencia del salmista en una promesa es 1 Juan 1:9. El pecado es un enemigo que nos va debilitando desde adentro, pero la confesión y la promesa de Dios traen salud.

Pero también hay enemigos que atacan desde afuera, y el Señor Jesús en su última charla con sus discípulos les advirtió acerca de ello.

Leamos una parte de esa charla que se encuentra en Juan 15:18-21.

4 Note que esta afirmación de Jesús divide la gente en dos clases de personas. Explique la diferencia esencial que existe entre ellas.

5 Según el Señor, la gente del mundo se nos ha de oponer. ¿Por qué?

6 ¿Ha tenido usted esta experiencia, o conoce a alguna persona que la haya vivido? Cuente lo que ocurrió.

Pablo dijo que:

Es cierto que todos lo que quieren vivir consagrados a Cristo Jesús sufrirán persecución.

(2 Timoteo 3:12)

En una u otra medida, ésta ha sido la experiencia de todo discípulo de Jesucristo.

Pero hay un factor que todavía no hemos tomado en cuenta, y son las palabras de Jesús en Juan 16:33.

7 Explique cómo estas palabras son una solución al problema de los enemigos desde afuera.

8 Hay todavía un tercer enemigo.
a) Busque los siguientes versículos y explique cómo es: Juan 14.30; 2 Corintios 11.14; 1 Pedro 5.8.

b) Según estos versículos, ¿qué debemos hacer frente a este enemigo? Efesios 6.11; Santiago 4.7; Hebreos 2.14-15; Romanos 16.19-20.

La vida cristiana no siempre es fácil, pero Dios nos ha dado recursos importantes que nos ayudan a salir vencedores. Uno es su Palabra; otro el Espíritu Santo; y un tercero es la comunidad de los discípulos de Jesucristo, tema que vamos a profundizar en el siguiente estudio.

6

$\mathcal{La}$ iglesia

El propósito de Dios es que los discípulos de Jesucristo se junten para formar comunidades —iglesias— donde puedan crecer en su vida espiritual y servirle. La palabra "iglesia" en el Nuevo Testamento siempre se refiere a personas, nunca a edificios. *Somos* parte de la iglesia de Dios, y él desea que aprendamos a ser miembros activos y útiles.

En esta lección vamos a examinar brevemente tres descripciones de la iglesia que nos ayudan a entender qué es, y cómo debemos relacionarnos con ella.

Una familia

Como dice Efesios 2:19, somos de la familia de Dios, y en varios aspectos la iglesia es semejante a una familia.

Por ejemplo:

✓ Hay personas de diferentes edades "espirituales".

✓ Hay personas responsables, que toman el lugar de los "padres"

✓ Hay, o por lo menos debe haber, un ambiente de amor, de respeto entre todos.

✓ Es el ambiente en el cual crecemos.

1 Si comparamos, entonces, la iglesia a una familia, ¿cuál debe ser la responsabilidad de los "mayores" hacia los "menores"? Tito 2.3-5 ofrece unas posibilidades.

2 De la misma manera, ¿cuál debe ser la responsabilidad de los "menores" hacia los "mayores"? 1 Pedro 5.5 ofrece una posibilidad.

Dios quiere que todos los discípulos de su Hijo vivan así, en familia espiritual, donde puedan aprender a amar y servir.

Un cuerpo

Otra figura que utiliza la Biblia para describir a la iglesia es el cuerpo humano. Busque, por ejemplo, Ro 12:4,5 y Ef 4:15,16.

3 En base a estos versículos, explique cómo debe ser la relación entre los discípulos de Cristo.

4 Si la relación entre los miembros de la iglesia debe ser así, ¿qué puede hacer usted, particularmente, para fomentar esa relación?

Note que la cabeza del cuerpo es Cristo mismo. La vida de la iglesia depende completamente de él; es su iglesia.

Un templo

La última figura que vamos a considerar es la de una casa, o un templo. Esta vez busque Efesios 2:20-22.

5 En base a estos versículos:
a) Describa ese templo. ¿Cómo es?

b) ¿Cuál es el propósito del templo?

La iglesia existe para Dios. Su primera responsabilidad es hacia él. Familia de Dios, cuerpo de Cristo, templo del Espíritu Santo, son todas las figuras que subrayan que la iglesia existe para él, y que su primera responsabilidad es adorarle y servirle.

6 Resumiendo: la Biblia destaca que usted necesita de la iglesia. ¿Por qué?

7 De igual manera, la iglesia necesita de usted ¿Por qué?

7

La Palabra de vida

El Señor Jesús dijo:

No sólo de pan vivirá el hombre, sino también de toda palabra que salga de los labios de Dios.

(Mateo 4:4)

Necesitamos su Palabra para vivir. Es nuestro alimento espiritual, nuestra luz y guía. Si Dios nos habla por medio de ella, entonces, conocerla tiene que ser la tarea más urgente de nuestra vida.

¿Cómo la podemos conocer? Pues, sugerimos que hay por lo menos cinco maneras en que la Palabra penetra en nuestras vidas.

Oir

Es decir, necesitamos asistir regularmente a las reuniones de la iglesia donde se explica la Palabra de Dios. Pero, por supuesto, tenemos que tener cuidado de cómo oímos. Ya vimos en Lucas 6:46-49 que el Señor destaca esto mismo.

1   Busque Santiago 1:21-25 y en base a estos versículos, explique cómo debemos escuchar la Palabra.

Leer

Ya vimos ciertos aspectos de la lectura de la Biblia en la lección dos. La Biblia habla poco de la importancia de su lectura, porque casi nadie poseía una parte de ella escrita en aquellos días. Ellos escuchaban la Biblia leída públicamente. Pero nosotros tenemos el privilegio de poseerla, y poder leerla todos los días.

2 Busque ahora 1 P 1:22 a 2:3. Según este pasaje:

a) ¿Con qué se compara a la Palabra?

b) ¿Qué efecto tendrá en nuestras vidas?

Estudiar

Estudiar es dar un paso más adelante, un paso necesario.

3 ¿Cuál es la diferencia entre leer y estudiar?

4 Busque Proverbios 2:1-5 y explique en sus propias palabras cómo se debe estudiar.

No tenemos espacio ahora para examinar los distintos métodos de estudio, pero creemos que uno de los aspectos más importantes es sencillamente preguntar. Debemos acercarnos a la Palabra con preguntas como éstas:

¿Qué me enseña este pasaje acerca de:

✓Dios Padre, Hijo y Espíritu?

✓mí mismo?

✓el pueblo de Dios?

✓el mundo que me rodea?

Memorizar

Se ha dicho que después de 24 hs., recordamos el:

✓5% de lo que oímos.

✓15% de lo que vemos.

✓35% de lo que estudiamos.

¡Pero recordamos el 100% de lo *memorizado*! La memorización requiere disciplina y tiempo, pero da sus frutos.

5 ¿Cuál es uno de esos frutos según el Salmo 119:9 y 11?

Meditar

La meditación es uno de los aspectos más importantes entre los que hemos considerado, sin embargo lo colocamos en último lugar.

6 ¿Qué es "meditar"? (Si es necesario, busque la palabra en un diccionario).

7 ¿Por qué es necesario que cumplamos con los otros pasos (los que ya hemos visto) antes de meditar?

Por último, considere Filipenses 4:8,9.

8 ¿Qué efectos deben tener estos versículos en su vida si los pone en práctica?

Estudiar

Leer   **Memorizar**

Oir

Meditar

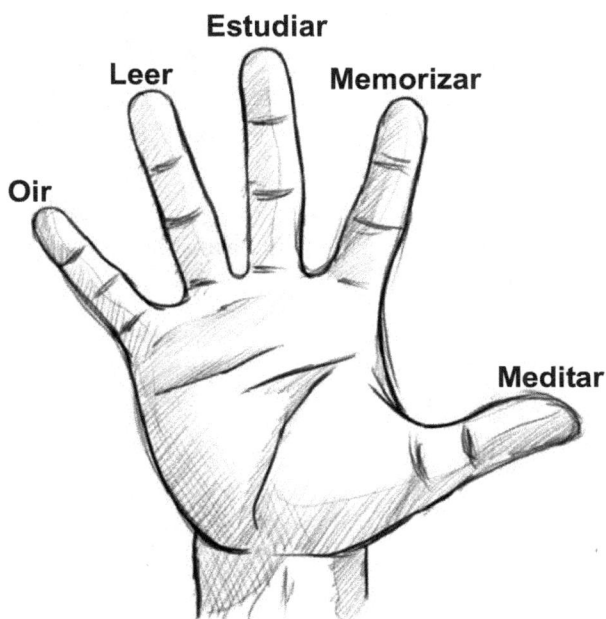

La mano nos da una buena ilustración de la enseñanza de este capítulo. Si intentamos agarrar la Biblia con solamente el dedo más pequeño, no la sostendremos con fuerza... pueden sacarla de nuestra mano facilmente. Si la agarramos con el segundo dedo también, y así sucesivamente hasta que la tengamos con los cinco dedos, con toda la mano, asi la tendremos con firmeza. De esta forma la palabra de Dios llegará a ser nuestra.

8

Hacer discípulos

El discípulo de Jesucristo es una persona con responsabilidad, tiene tareas que realizar. La primera es hacia Dios; la otra hacia sus hermanos. Pero hay otra que no hemos examinado hasta ahora y es hacia las personas sin Cristo que nos rodean.

¿Cuál es esa tarea? Pues, en términos sencillos es la de cambiar vidas. O mejor dicho, permitir que Dios cambie vidas por medio de nosotros.

La Biblia utiliza varias figuras para describir esta tarea. Veremos tres ejemplos.

1 Explique en sus propias palabras, cuál es nuestra tarea en base a cada una de las siguientes figuras.

a) Luz (Mateo 5:14-16)

b) Testigos (Hechos 1:8)

c) Pescadores de hombres (Marcos 1:17)

Tal como alguien llegó a nosotros con el mensaje de Dios, nosotros debemos llegar a otros con este mismo mensaje.

2 Pero observe lo que dicen los siguientes versículos: Romanos 1:16 y 1 Corintios 1:18.

a) Hay una palabra importante que Pablo utiliza en ambos versículos para describir el mensaje. ¿Cuál es esa palabra?

b) ¿De qué manera esa palabra nos ayuda en la tarea que estamos estudiando en esta lección?

Si usted recién comenzó la vida cristiana, tiene muchos parientes y amigos que han visto o verán un cambio en su vida. Este, más que cualquier otro momento, es el apropiado para explicarles qué ha ocurrido. Usted mismo es el medio que Dios quiere y puede utilizar para que esas personas conozcan a Cristo y tengan vida en él.

¿Cuál es el mensaje que les debemos comunicar? Sugerimos que contenga un mínimo de tres aspectos.

Primero: Jesucristo es Señor.

Puede ser que la gente ya lo sepa, pero es casi seguro que no están viviendo a la luz de su señorío.

3 Si Jesucristo es Señor, ¿qué es lo que exige de nosotros? Además de los versículos que hemos visto en lecciones anteriores, busque también Mateo 7:21, Romanos 14:7-9 y Filipenses 2:9-11.

Si ellos reconocen que Jesucristo es Señor, entonces quedan condenados si no buscan conocer su voluntad y obedecerla.

Recomendamos que memorice Mateo 7:21 para cuando hable con otras personas acerca de Cristo.

Segundo: Jesucristo es el Salvador.

4 ¿Cuáles son las verdades importantes acerca de Jesús como Salvador que aprendemos de los siguientes versículos?

a) Hechos 4:12

b) 1 Pedro 2:24

c) Romanos 5:9

El problema que encontramos a menudo es que hay personas que piensan y dicen que no necesitan un Salvador. Creen que son suficientemente buenas.

5 ¿Cómo contestaría usted a una persona así?

De nuevo recomendamos que memorice un versículo que le puede ayudar a explicar el mensaje a otras personas: Hechos 4:12.

Tercero: Ellos necesitan responder al mensaje de Dios.

Aquí su propia experiencia es importante. Usted puede decir: "Yo respondí al mensaje, y puedo confirmar que todo esto es cierto". Lo que Dios ha hecho en su vida es una importante prueba de la veracidad del mensaje.

Un pasaje que habla de la respuesta que Dios espera a su mensaje es Romanos 10:9-11.

6 Explique en sus propias palabras qué pide este pasaje; es decir, si tendría que explicárselo a una persona que no es de Cristo, ¿cómo lo haría?

Recomendamos que practique la manera de explicar estos tres aspectos mínimos del mensaje. Y también, si no está haciéndolo todavía, que comience a orar por una o más personas en particular, para que Dios le dé oportunidades de conversar con ellas acerca del mensaje de Dios.

En una lección anterior vimos Mateo 28:19 y 20. Ahí tenemos un resumen de nuestra tarea: buscar gente, hacer discípulos, bautizar y enseñar.

Pero el verdadero secreto de la tarea se encuentra en las palabras que preceden y siguen a este mandato.

7 ¿Cuál es el secreto?

Que el Señor lo utilice para cambiar vidas, tal como ha cambiado la suya.

Conclusión

En resumen, ¿qué pide Dios de nosotros? Que seamos verdaderos discípulos de su Hijo, y también hacedores de discípulos.

Esa meta implica que sigamos creciendo, echando raíces en la Palabra de Dios, y aprendiendo a discernir entre lo bueno y lo malo, entre lo que conviene y lo que no.

Es un proceso, un proceso largo. Ocuparemos toda la vida en él. Pero vale la pena. No hay vida más gratificante que la de ser un discípulo de Jesucristo.

Y que cuando lleguemos al final de la carrera, podamos afirmar con Pablo:

He peleado la buena batalla, he llegado al término de la carrera, me he mantenido fiel. Ahora me espera la corona merecida que el Señor, el Juez justo, me dará en aquél día. Y no me la dará solamente a mí, sino también a todos los que con amor esperan que él vuelva.

(2 Timoteo 4:7-8)

Recomendamos que siga sus estudios de la Biblia y la vida cristiana. Puede continuarlos a través de la Serie Vida Nueva, también publicada por: *Ediciones Crecimiento Cristiano*

NUEVO TESTAMENTO

Libro	1	2	3	4	5	6	7	8	9	10	11	12	13	14	15	16
Mateo	1	2	3	4	5	6	7	8	9	10	11	12	13	14	15	16
	17	18	19	20	21	22	23	24	25	26	27	28				
Marcos	1	2	3	4	5	6	7	8	9	10	11	12	13	14	15	16
Lucas	1	2	3	4	5	6	7	8	9	10	11	12	13	14	15	16
	17	18	19	20	21	22	23	24								
Juan	1	2	3	4	5	6	7	8	9	10	11	12	13	14	15	16
	17	18	19	20	21											
Hechos	1	2	3	4	5	6	7	8	9	10	11	12	13	14	15	16
	17	18	19	20	21	22	23	24	25	26	27	28				
Romanos	1	2	3	4	5	6	7	8	9	10	11	12	13	14	15	16
I Corintios	1	2	3	4	5	6	7	8	9	10	11	12	13	14	15	16
II Corintios	1	2	3	4	5	6	7	8	9	10	11	12	13			
Gálatas	1	2	3	4	5	6										
Efesios	1	2	3	4	5	6										
Filipenses	1	2	3	4												
Colosenses	1	2	3	4												
I Ts.	1	2	3	4	5											
II Ts.	1	2	3													
I Timoteo	1	2	3	4	5	6										
II Timoteo	1	2	3	4												
Tito	1	2	3														
Filemon	1															
Hebreos	1	2	3	4	5	6	7	8	9	10	11	12	13			
Santiago	1	2	3	4	5											
I Pedro	1	2	3	4	5											
II Pedro	1	2	3													
I Juan	1	2	3	4	5											
II Juan	1																
III Juan	1																
Judas	1																
Apocalipsis	1	2	3	4	5	6	7	8	9	10	11	12	13	14	15	16
	17	18	19	20	21	22										

Registro de Lectura

Aconsejamos que lea la Biblia.

- Regularmente: es decir, todos los días.
- Sistemáticamente: con un plan de lectura que abarque toda la Biblia.
- Meditando: pensando en lo que ha leído.
- Orando: pidiendo ayuda al autor de la Biblia.

Si desea mas ejemplares de este registro de lectura, escriba a:

Ediciones Crecimiento Crisitiano
Córdoba 419
5903 Villa Nueva, Cba.
Argentina

www.edicionescc.com
oficina@edicionescc.com

Left chart:

Génesis	1	2	3	4	5	6	7	8	9	10	11	12	13	14	15	16
	17	18	19	20	21	22	23	24	25	26	27	28	29	30	31	32
	33	34	35	36	37	38	39	40	41	42	43	44	45	46	47	48
	49	50														
Éxodo	1	2	3	4	5	6	7	8	9	10	11	12	13	14	15	16
	17	18	19	20	21	22	23	24	25	26	27	28	29	30	31	32
	33	34	35	36	37	38	39	40								
Levítico	1	2	3	4	5	6	7	8	9	10	11	12	13	14	15	16
	17	18	19	20	21	22	23	24	25	26	27					
Números	1	2	3	4	5	6	7	8	9	10	11	12	13	14	15	16
	17	18	19	20	21	22	23	24	25	26	27	28	29	30	31	32
	33	34	35	36												
Deutero-nomio	1	2	3	4	5	6	7	8	9	10	11	12	13	14	15	16
	17	18	19	20	21	22	23	24	25	26	27	28	29	30	31	32
	33	34														
Josué	1	2	3	4	5	6	7	8	9	10	11	12	13	14	15	16
	17	18	19	20	21	22	23	24								
Jueces	1	2	3	4	5	6	7	8	9	10	11	12	13	14	15	16
	17	18	19	20	21											
Rut	1	2	3	4												
1 Samuel	1	2	3	4	5	6	7	8	9	10	11	12	13	14	15	16
	17	18	19	20	21	22	23	24	25	26	27	28	29	30	31	
2 Samuel	1	2	3	4	5	6	7	8	9	10	11	12	13	14	15	16
	17	18	19	20	21	22	23	24								
1 Reyes	1	2	3	4	5	6	7	8	9	10	11	12	13	14	15	16
	17	18	19	20	21	22										
2 Reyes	1	2	3	4	5	6	7	8	9	10	11	12	13	14	15	16
	17	18	19	20	21	22	23	24	25							
1 Crónicas	1	2	3	4	5	6	7	8	9	10	11	12	13	14	15	16
	17	18	19	20	21	22	23	24	25	26	27	28	29			
2 Crónicas	1	2	3	4	5	6	7	8	9	10	11	12	13	14	15	16
	17	18	19	20	21	22	23	24	25	26	27	28	29	30	31	32
	33	34	35	36												
Esdras	1	2	3	4	5	6	7	8	9	10						
Nehemías	1	2	3	4	5	6	7	8	9	10	11	12	13			
Ester	1	2	3	4	5	6	7	8	9	10						
Job	1	2	3	4	5	6	7	8	9	10	11	12	13	14	15	16
	17	18	19	20	21	22	23	24	25	26	27	28	29	30	31	32
	33	34	35	36	37	38	39	40	41	42						

Right chart:

Salmos	1	2	3	4	5	6	7	8	9	10	11	12	13	14	15	16
	17	18	19	20	21	22	23	24	25	26	27	28	29	30	31	32
	33	34	35	36	37	38	39	40	41	42	43	44	45	46	47	48
	49	50	51	52	53	54	55	56	57	58	59	60	61	62	63	64
	65	66	67	68	69	70	71	72	73	74	75	76	77	78	79	80
	81	82	83	84	85	86	87	88	89	90	91	92	93	94	95	96
	97	98	99	100	101	102	103	104	105	106	107	108	109	110	111	112
	113	114	115	116	117	118	119	120	121	122	123	124	125	126	127	128
	129	130	131	132	133	134	135	136	137	138	139	140	141	142	143	144
	145	146	147	148	149	150										
Proverbios	1	2	3	4	5	6	7	8	9	10	11	12	13	14	15	16
	17	18	19	20	21	22	23	24	25	26	27	28	29	30	31	
Ec.	1	2	3	4	5	6	7	8	9	10	11	12				
Cantares	1	2	3	4	5	6	7	8								
Isaías	1	2	3	4	5	6	7	8	9	10	11	12	13	14	15	16
	17	18	19	20	21	22	23	24	25	26	27	28	29	30	31	32
	33	34	35	36	37	38	39	40	41	42	43	44	45	46	47	48
	49	50	51	52	53	54	55	56	57	58	59	60	61	62	63	64
	65	66														
Jeremías	1	2	3	4	5	6	7	8	9	10	11	12	13	14	15	16
	17	18	19	20	21	22	23	24	25	26	27	28	29	30	31	32
	33	34	35	36	37	38	39	40	41	42	43	44	45	46	47	48
	49	50	51	52												
La.	1	2	3	4	5											
Ezequiel	1	2	3	4	5	6	7	8	9	10	11	12	13	14	15	16
	17	18	19	20	21	22	23	24	25	26	27	28	29	30	31	32
	33	34	35	36	37	38	39	40	41	42	43	44	45	46	47	48
Daniel	1	2	3	4	5	6	7	8	9	10	11	12				
Oseas	1	2	3	4	5	6	7	8	9	10	11	12	13	14		
Joel	1	2	3													
Amós	1	2	3	4	5	6	7	8	9							
Abdías	1															
Jonás	1	2	3	4												
Miqueas	1	2	3	4	5	6	7									
Nahum	1	2	3													
Habacuc	1	2	3													
Sofonías	1	2	3													
Hageo	1	2														
Zacarías	1	2	3	4	5	6	7	8	9	10	11	12	13	14		
Malaquías	1	2	3	4												

Cómo utilizar este material

Estos cuadernos son *guías de estudio*, es decir, su propósito es guiarle a usted para que haga su propio estudio del tema o libro de la Biblia que desarrolla este material.

El cuaderno propone un diálogo. En él introducimos el tema, sugerimos cómo proceder con la investigación, comentamos, pero también preguntamos. Los espacios después de las preguntas son para que usted anote su respuesta a ellas.

Esperamos que, por medio del diálogo, le ayudemos a forjar su propia comprensión del tema. No de segunda mano, como cuando se escucha un sermón, sino como fruto de su propia lectura y investigación.

¿Cómo hacer el estudio?

1 - Antes de comenzar, ore. Pida ayuda a Dios que le hable y le dé comprensión durante su estudio.

2 - Se deben leer los pasajes bíblicos más de una vez y preguntarse: ¿Qué dice el autor? Aunque muchos utilizan la versión Reina-Valera de la Biblia, conviene tener otra versión o versiones disponibles para comparar los pasajes entre las dos. La "Versión popular" y la "Nueva versión internacional" le pueden ayudar a ver el pasaje con más claridad.

3 - Siga con la lectura de la lección. Responda lo mejor que pueda a las preguntas.

4 - Evite la tendencia de "apurarse para terminar". Es mejor avanzar lentamente, pensando, preguntando, aclarando.

En grupo

El estudio personal es de mucho valor pero se multiplican los beneficios si lo acompaña con el estudio en grupo. Un grupo de hasta 8 personas es lo ideal. Pero, puede ser que por diferentes motivos el grupo esté formado por usted y una persona más, aun así, es mejor que estudiar solo.

En realidad, estos cuadernos han sido diseñados con ese motivo: estimular el estudio en células, en grupos pequeños.

La manera de hacerlo es fácil:
1 - **Usted hace en forma personal una de las lecciones del cuaderno**. Aun cuando pueda haber cosas que no entienda bien, haga el mayor esfuerzo posible para completar la lección.

2 - **Luego se reune con su grupo**. En el grupo comparten entre todos las respuestas de cada pregunta. Puede ser que no tengan las mismas respuestas, pero comparando entre todos las van aclarando y corrigiendo.

Es durante este compartir semanal de una hora y media, este diálogo entre todos, donde se encuentra la verdadera riqueza y que nos provée esta forma de estudio.

3 - **Evite salirse del tema**. El tiempo es oro, y lo más importante es enfocar todo el esfuerzo del grupo en el tema de la lección. Luego, pueden dedicar tiempo para conocerse más y tener un rato social.

4 - **Participe**. Todos deben participar. La riqueza del trabajo en grupo es justamente eso.

5 - **Escuche**. Hay una tendencia de apurar nuestras propias opiniones sin permitir que el otro termine. Vamos a aprender de cada uno, aun de los que, según nuestra opinión, están equivocados.

6 - **No domine la discusión**. Puede ser que usted tenga todas las respuestas correctas, sin embargo es importante dar lugar a todos, y estimular a los tímidos a participar. No se trata de sobresalir, sino de compartir aprendiendo juntos.

Si en el grupo no hay una persona con experiencia en coordinarlo, se puede encontrar ayuda para dirigir un grupo en:
1 - Nuestra página web, www.edicionescc.com. La sección "Capacitación" ofrece una explicación breve del método de estudio.

2 - En las últimas páginas de nuestro catálogo se ofrece también una orientación.

3 - El cuaderno titulado "Células y otros grupos pequeños" es un curso de capacitación para los que desean aprender cómo coordinar un grupo.

4 - Hay algunas guías que disponen de un cuaderno de sugerencias para el coordinador del grupo.

Finalmente diremos que las guías no contienen respuestas a las preguntas ya que el cuaderno es exactamente eso, una guía, una ayuda para estimular su propio pensamiento, no un comentario ni un sermón. Le marcamos el camino, pero usted lo tiene que seguir.

Que el Señor lo acompañe en esta tarea y si necesita ayuda, comuníquese con nosotros. Estamos para servirle.

Otros títulos disponibles

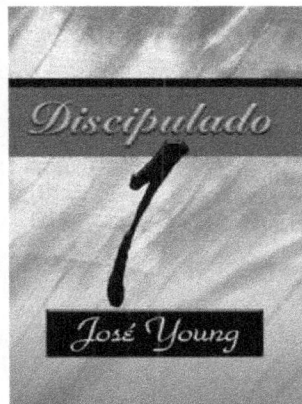

VB9 - DISCIPULADO I
José Young

Este cuaderno es un compendio de los primeros cuatro cuadernos de la serie (VB1 a VB4) que nos ayudan a capacitarnos y equiparnos para vivir una vida sana y útil a Dios. Los temas a tratar son:
- Una nueva relación.
- Una nueva vida.
- Ser discípulos.
- Bautismo y cena del Señor.

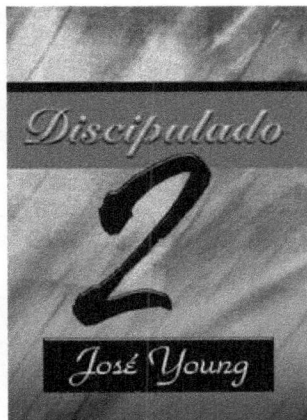

VB10 - DISCIPULADO II
José Young

Este cuaderno es un compendio de los primeros cuatro cuadernos de la serie (VB5 a VB8) que nos ayudan a capacitarnos y equiparnos para vivir una vida sana y útil a Dios. Los temas a tratar son:
- Los tres peligros.
- Vivir en comunidad.
- La palabra de vida.
- Hacer discípulos.

Se terminó de imprimir en los

Talleres Gráficos de Ediciones CC

Córdoba 419 - Villa Nueva, Pcia de Córdoba

IMPRESO EN ARGENTINA

www.ingramcontent.com/pod-product-compliance
Lightning Source LLC
Chambersburg PA
CBHW060623030426
42337CB00018B/3156